# BEI GRIN MACHT SICH IHR WISSEN BEZAHLT

AF155611

- Wir veröffentlichen Ihre Hausarbeit,
  Bachelor- und Masterarbeit

- Ihr eigenes eBook und Buch -
  weltweit in allen wichtigen Shops

- Verdienen Sie an jedem Verkauf

Jetzt bei www.GRIN.com hochladen
und kostenlos publizieren

**Anonym**

# Die Bedeutung der "failed states" für die Ausbreitung der "Schattenökonomie"

GRIN Verlag

**Bibliografische Information der Deutschen Nationalbibliothek:**

Die Deutsche Bibliothek verzeichnet diese Publikation in der Deutschen National-
bibliografie; detaillierte bibliografische Daten sind im Internet über http://dnb.d-
nb.de/ abrufbar.

**Impressum:**

Copyright © 2011 GRIN Verlag, Open Publishing GmbH
Druck und Bindung: Books on Demand GmbH, Norderstedt Germany
ISBN: 978-3-640-98451-0

**Dieses Buch bei GRIN:**

http://www.grin.com/de/e-book/176052/die-bedeutung-der-failed-states-fuer-die-
ausbreitung-der-schattenoekonomie

**GRIN - Your knowledge has value**

Der GRIN Verlag publiziert seit 1998 wissenschaftliche Arbeiten von Studenten, Hochschullehrern und anderen Akademikern als eBook und gedrucktes Buch. Die Verlagswebsite www.grin.com ist die ideale Plattform zur Veröffentlichung von Hausarbeiten, Abschlussarbeiten, wissenschaftlichen Aufsätzen, Dissertationen und Fachbüchern.

**Besuchen Sie uns im Internet:**

http://www.grin.com/

http://www.facebook.com/grincom

http://www.twitter.com/grin_com

Seminar: Sozioökonomie II: Politische Ökonomie der Globalisierung

(1.214)

Wintersemester 2010/2011

## Vortrag:

# <u>Die Bedeutung der „failed states" für die Ausbreitung der „Schattenökonomie"</u>

(LS)

**Abgabedatum: 31.03.2011**

Social Sciences, Major Soziologie

Fachbereich 1: Sozialwissenschaften

5. Semester

# Die Bedeutung der „failed states" für die Ausbreitung der „Schattenökonomie"

Der folgende Vortrag beschäftigt sich mit der Bedeutung der „failed states" für die Ausbreitung der Schattenökonomie. Für die sog. „Schattenglobalisierung", d.h. die weltweite Ausbreitung illegaler Märkte, gibt es eine Vielzahl von Ursachen. Eine Ursache ist die Durchdringung der sog. „failed states" - schwacher bzw. zerrütteter Staaten – durch Formen der organisierten Kriminalität. Was versteht man jedoch unter organisierter Kriminalität? Um einen ersten Einblick in das Thema zu gewähren, werde ich den Begriff der organisierten Kriminalität bzw. der transnationalen organisierten Kriminalität als Phänomen der Schattenglobalisierung näher erläutern und eingrenzen. Im Anschluss folgt ein kurzer Überblick zur Vorgehensweise des Vortrags.

---

Zur organisierten Kriminalität: Erst der Globalisierungsprozess ermöglichte die Ausbreitung von grenzüberschreitenden, kaum noch zu regulierenden Aktivitäten. Kurz: Die Ausbreitung transnationaler organisierter Kriminalität (Naim 2005: 12f.). Organisierte Kriminalität als solche meint *„die von Gewinn- oder Machtstreben bestimmte planmäßige Begehung von Straftaten, die einzeln oder in ihrer Gesamtheit von erheblicher Bedeutung sind, wenn mehr als zwei Beteiligte auf längere oder unbestimmte Dauer arbeitsteilig unter Verwendung gewerblicher oder geschäftsähnlicher Strukturen [...] zusammenwirken"* (Richtlinien für das Strafverfahren und das Bußgeldverfahren 2008: Anhang E Nr. 2.1). Von transnationaler organisierter Kriminalität ist dann die Rede, wenn eine Straftat – unter den gerade genannten Bedingungen - *„in mehr als einem Staat begangen wird [...]"* (Übereinkommen der Vereinten Nationen gegen die grenzüberschreitende organisierte Kriminalität 2010: Art. 3, Abs. 2). Besonders relevante Betätigungsfelder bzw. Kerngebiete der organisierten Kriminalität sind Geldwäsche, Schmuggel, Drogen-, Waffen-, Rohstoff- oder Menschenhandel, Marken- und Produktpiraterie, Wirtschaftskriminalität oder Internetkriminalität (vgl. http://www.quetzal-leipzig.de/lexikon-lateinamerika/schattenglobalisierung-19093.html). Ausgenommen vom Begriff der organisierten Kriminalität sind jegliche Straftaten im Bereich des Terrorismus und des gewöhnlichen Verbrechens (vgl. Richtlinien für das Strafverfahren und das Bußgeldverfahren 2008: Anhang E Nr. 2.1). Auch der Begriff „Schattenglobalisierung" bezieht sich im

1

folgenden Vortrag ausnahmslos auf die hier dargelegten Kerngebiete der organisierten Kriminalität.

Wie bereits erwähnt, wurden durch die Globalisierung die Bedingungen zur Entstehung der „Schattenglobalisierung" erst geschaffen. Die folgenden Ausführungen beschäftigen sich daher im ersten Schritt mit der Frage, welche Faktoren die Globalisierung – und damit auch die „Schattenglobalisierung" begünstigt haben, - um dann im zweiten Schritt die Rolle der „failed states" als wichtige Bedingung für die Ausbreitung transnationaler organisierter Kriminalität näher zu beleuchten. Abschließend werde ich im Fazit die Ergebnisse meiner Fragestellung zusammenfassen und diskutieren.

---

Der nächste Punkt meines Vortrags beschäftigt sich wie angekündigt mit dem Themenkomplex „Globalisierung vs. Schattenglobalisierung". Die Fragestellung lautet dementsprechend: Welche politischen, sozialen und wirtschaftlichen Entwicklungen im Zuge der Globalisierung bilden die treibenden Faktoren zur Ausbreitung der „Schattenglobalisierung"?

Mit dem Fall der Berliner Mauer und dem Niedergang der Sowjetunion Anfang der 90er Jahre kam es zu einem weltweiten Wandel von Politik und Wirtschaft. Dabei wurden in vielen Staaten nach westlichem Muster demokratische und ökonomische Reformen durchgeführt (vgl. Naim 2005: 17). Ziel war die Liberalisierung und Deregulierung der Waren- und Finanzmärkte (vgl. Debiel 2005: 17) zum Abbau von Handelshemmnissen und zur Förderung des Exporthandels (vgl. Naim 2005: 18). Zwar sind Handel, der über nationalstaatliche Grenzen hinausgeht, aber auch andere politische und soziale Bindungen zwischen Staaten bzw. Menschen verschiedener Nationen in der Geschichte nichts Neues, der Unterschied zur Globalisierung liegt jedoch in der Intensität. Heribert Dieter bezeichnet Globalisierung als *„die Zunahme von Volumen und Frequenz des Austausches von Menschen, Gütern, Kapital und Ideen über die Grenzen von Nationalstaaten hinweg"* (Dieter 2003: 34). Müller und Wallacher sprechen von einem *„Prozess einer bislang nicht gekannten Verdichtung und Beschleunigung grenzüberschreitender Interaktionen"* (Müller/Wallacher 2005: 26) Hauptbezugspunkt sind demnach nicht die Nationalstaaten, sondern die Welt als Ganzes. Grenzen und Entfernungen verlieren zunehmend an Bedeutung. Beschleunigt wird dieser Prozess, d.h. die Öffnung- und die Vernetzung der Märkte untereinander, durch die

2

Verbreitung neuer Kommunikationstechnologien und deutlich verbilligte Transportkosten (vgl. Naim 2005: 12). Mit der Vernetzung der Welt nimmt jedoch auch die Abhängigkeit der Staaten untereinander zu. Der OECD beschreibt die Globalisierung als einen Prozess, *„durch den Märkte und Produktion in verschiedenen Ländern immer mehr voneinander abhängig werden – Dank der Dynamik des Handels mit Gütern und Dienstleistungen und durch die Bewegung von Kapital und Technologie"* (http://www.globalisierung-infos.de/definition.html).

Von der weltwirtschaftlichen Globalisierung – d.h. von Wohlfahrtsgewinnen, Marktchancen, höherer Mobilität und neue Wahlmöglichkeiten – profitiert allerdings nicht nur die legale Wirtschaft – sondern auch das organisierte Verbrechen. Die Liberalisierung der Waren- und Finanzmärkte, neue Kommunikationstechnologien und geringere Transportkosten (vgl. Debiel 2005: 17) geben auch Kriminellen eine Vielzahl von neuen Möglichkeiten, den wirtschaftlichen und politischen Einfluss auszuweiten und zu manifestieren (vgl. Naim 2005: 18). Da sich die ökonomische Globalisierung viel schneller vollzogen hat als die politische Globalisierung (vgl. Stieglitz 2006: 42) – ist eine transnational ausgerichtete Strafverfolgung so gut wie unmöglich. Zwar hat sich die Überwindung von Grenzen durch die Marktliberalisierung vereinfacht. Gleiches gilt jedoch nicht für die Handlungsfähigkeit von Regierungen. Die Strafverfolgung beschränkt sich häufig nur auf das eigene Staatsgebiet, sodass Staatsgrenzen oft unüberwindbare Hindernisse im Kampf gegen das organisierte Verbrechen darstellen (vgl. Naim 2005: 13). Ein Vorteil krimineller Organisationen ist damit ihre Flexibilität. Durch den Einsatz neuer Technologien können Schwarzhändler ihre Warenlieferungen aus großer Entfernung organisieren und koordinieren. Dabei werden zum Einen allgemein verbreitete Technologien adaptiert. - Dazu gehören z.B. die Satellitennavigation, effizientere Schiffe und ein verbessertes Verpackungsmaterial. Zum Anderen entwickeln Kriminelle auch selbst neue innovative Technologien, die z.T. den offiziellen Technologien der Regierungen weit überlegen sind. Ein weiterer Vorteil krimineller Organisationen liegt damit in ihrem technologischen Vorsprung (vgl. Naim 2005: 21).

Wie bereits angedeutet, hat auch die Globalisierung der Finanzmärkte die Handlungsfreiheit der organisierten Kriminalität erweitert. Die neue Komplexität des Finanzsektors – u.a. zurückzuführen auf die Öffnung lokaler Aktienmärkte und die Deregulierung staatlicher Finanzsektoren – führt zwangsläufig auch zu Kontrollverlusten. Die Sicherheitslücken sind enorm. Für Banken kaum noch überprüfbar, werden Geldwäsche, Steuerhinterziehung und

3

Betrug häufig unter dem Vorwand legaler Praktiken – wie Überweisungen ins Ausland, Auslandsinvestitionen und Kreditkartengeschäften – abgewickelt (vgl. Naim 2005: 134f.). Insbesondere in den sog. „Steueroasen" – auch unter dem Begriff der „Offshore-Zentren" bekannt – floriert das Geschäft mit den Geldwäschern. Die Kooperation mit der organisierten Kriminalität hat sich hier zu einem lukrativen Geschäftszweig entwickelt (vgl. Naim 2005: 140f.). Schätzungen ergeben, dass zwischen zwei und fünf Prozent des Bruttoweltprodukts weltweit gewaschen werden. Andere Schätzungen gehen sogar von bis zu zehn Prozent aus (vgl. Naim 2005: 137).

Ein weiterer treibender Faktor für die Ausbreitung der „Schattenglobalisierung" ist die Erweiterung des Weltmarktes durch die sog. „markets in waiting".

„Markets in waiting" – ehemalige Ostblockstaaten – schlossen sich nach dem Niedergang der Sowjetunion Anfang der 90er Jahre den westlichen Märkten an. Erst mit dieser Entwicklung wurde die Globalisierung der Weltwirtschaft überhaupt eingeleitet. Allerdings eröffneten sich dadurch auch eine Vielzahl von neuen Möglichkeiten für die organisierte Kriminalität – und damit auch für die Ausbreitung der „Schattenglobalisierung". Der Handel mit Waffen, Fahrzeugen und Rohstoffen aus Beständen der Armeen des Warschauer Paktes und ehemals staatseigenen Betrieben entwickelte sich weltweit zu einem lohnenden Geschäft. Hinzu kamen Menschen- und Organhandel sowie weitere Formen der organisierten Kriminalität (Naim 2005: 25).

Für den globalen Welthandel stellte diese Entwicklung ein neues Phänomen dar, allerdings wurden die Weichen für das immense Ausmaß organisierter Kriminalität in ehemaligen Ostblockstaaten schon zu Sowjetzeiten gestellt. Durch Planwirtschaft und die Abschottung der Märkte herrschte starke Ressourcenknappheit. Kriminelle Organisationen machten es sich zur Aufgabe, dieses Defizit zu beseitigen. Dafür war ihnen jedes Mittel recht. Korruption, Gewalt und Erpressung gehörten zu den gängigen Methoden – und haben bis in die staatlichen Führungsebenen daher eine lange Tradition (vgl. Naim 2005: 30).

Mit der Öffnung der Märkte erweiterte sich der Handlungsspielraum osteuropäischer organisierter Kriminalität auf die Weltmärkte. Dabei integrierten sie sich schneller auf dem internationalen Markt, als jede legale Organisation bzw. Institution (vgl. Naim 2005: 31).

---

Nach einem kurzen Überblick zu einigen wichtigen Faktoren der „Schattenglobalisierung", widme ich mich jetzt dem eigentlichen Schwerpunkt dieses Vortrags: <u>Der Bedeutung der „failed states" für die Ausbreitung der transnationalen organisierten Kriminalität.</u>

Die Institutionalisierung des Staates und das Bemühen, das etatistische Staatsmodell durchzusetzen, sind in weiten Teilen der außerwestlichen Welt gescheitert (vgl. Trotha 2005: 32). „Failed states" oder gescheiterte Staaten weisen erhebliche Leistungsdefizite in zentralen staatlichen Funktionsbereichen auf. Die politische Machtkontrolle ist defizitär und ein Rechtswesen kaum existent (vgl. Debiel 2005: 17). Um den Zusammenhang zwischen staatlichem Versagen, organisierter Kriminalität und der Ausbreitung illegaler transnationaler Märkte beleuchten zu können, werde ich im ersten Schritt die Merkmale und Hintergründe des gescheiterten Staates näher erläutern. Im zweiten Schritt widme ich mich dem Phänomen der organisierten Kriminalität innerhalb der „failed states" – um dann abschließend die Bedeutung der organisierten Kriminalität für die Ausbreitung der Schattenglobalisierung zu analysieren.

Merkmale von „failed states" sind nach einer Definition von Klemp und Poeschke eine abnehmende staatliche Legitimität nach innen und außen, eine abnehmende Handlungs- und Funktionsfähigkeit, ein schwacher gesellschaftlicher Zusammenhalt und eine Destabilisierung von Nachbarstaaten/–regionen oder der internationalen Gemeinschaft (Klemp/Poeschke 2005: 23). Zu den sog. „failed states" zählen unter anderem Nigeria, Ghana, Peru, Kolumbien, Mexiko, Haiti, Thailand, Afghanistan und Weißrussland (Naim 2005: 27 ff.) Wo aber liegen die Ursachen für das Scheitern vieler Staaten? Was macht einen „failed state" zu einem „failed state"?

Eine mögliche Ursache für das Scheitern staatlicher Zentralgewalt liegt im kolonialen Erbe und den damit verbundenen Defiziten vieler Staaten begründet. Während der Kolonialzeit wurden traditionelle Gesellschaftsstrukturen zerstört. Während ihrer Herrschaft konzentrierten sich die Kolonialherren häufig nur auf die Schaffung repressiver Institutionen, wie dem Militär oder der Polizei. Andere Teile des Staatsapparates waren – und sind oft heute noch – stark unterentwickelt. Dies gilt vor allem für Bereiche der Bildung, der Wohlfahrt sowie der wirtschaftlichen Entwicklung. Als die Kolonien schließlich nach dem Zweiten Weltkrieg in die Unabhängigkeit entlassen wurden, fehlte es an wichtigen institutionellen Strukturen (vgl. Rittberger/Kruck/Romund 2010: 186). Die Staaten waren weder in der Lage, ein legitimes Gewaltmonopol zu etablieren, noch ihre Bürger vor Gewalt zu schützen (Debiel 2005: 12).

Ein weiterer Faktor für den Zerfall vieler Staaten lässt sich auf die neoliberalen Strukturanpassungsprogramme von IWF und Weltbank zurückführen. Die Schuldenkrise in den 1980er Jahren hatte zur Folge, dass viele Staaten – vornehmlich in der „Dritten Welt" –

von Krediten der der genannten Organisationen abhängig wurden. Gewährt wurden die Kredite nur, wenn sich der betroffene Staat zu Senkung staatlicher Ausgaben und Privatisierung staatlicher Betriebe verpflichtete. Es folgten Kürzungen im sozialen Sektor, was zahlreiche Staaten der „Dritten Welt" in eine Legitimitätskrise stürzte. Um den Machterhalt zu gewährleisten, setzten die Regierungen von nun an auf staatliche Repressionen. Das Legitimationsproblem wurde damit jedoch noch schwerwiegender, was häufig den inneren Zerfall der Staaten zur Folge hatte (Chossudovsky 2002: 24f.).

Auch die Anfang der 1990er Jahren eingeleitete Auflösung der ideologischen, wirtschaftlichen und politischen Systemkonfrontation des Kalten Krieges stellt eine mögliche Ursache des Zerfalls staatlicher Zentralgewalt dar. Während des Kalten Krieges wurden diktatorische Regime aus ideologischen oder strategischen Interessen durch die Supermächte an der Macht gehalten. Diesen Regimen fehlte jedoch zumeist eine feste Verankerung im eigenen Land. Durch Waffenlieferungen und außenwirtschaftliche Unterstützung wurde die staatliche Einheit künstlich aufrechterhalten (vgl. Naim 2005: 26). Die Stabilisierung dieser klientelistischen Herrschaft führte oftmals zur Verstärkung von Ungleichheit und Ausgrenzungstendenzen innerhalb der Bevölkerung (vgl. Klemp/Poeschke 2005: 23). Nach dem Zusammenbruch der Sowjetunion offenbarte sich dann die mangelhafte interne Legitimierung dieser Staatsapparate. Häufig ist die Loyalität der Bevölkerung zu alternativen Autoritäten – wie z.B. Warlords – größer, als zu nationalstaatlichen politischen Organisationen (Hein 2005: 11). Die Folgen sind gesellschaftliche Instabilität und die kriminelle oder oppositionelle Durchdringung wichtiger wirtschaftlicher Unternehmen und politischer Institutionen (vgl. Naim 2005: 27) – und letztendlich der Zusammenbruch gesellschaftlicher Strukturen und des staatlichen Gewaltmonopols (Hein 2005: 11).

Nachdem ich die möglichen Ursachen für den Zerfall von Staaten erläutert habe, widme ich mich nun, wie angekündigt, dem Phänomen der organisierten Kriminalität innerhalb der „failed states". Im Vordergrund steht dabei die Frage: Wer oder was ist in den „failed states" in die organisierte Kriminalität involviert, bzw. welche Anreize bestehen zur Beteiligung an kriminellen Aktivitäten?

Entgegen den euphorischen Erwartungen zu Beginn der 1990er Jahre bewirkte die damals beschleunigt einsetzende Globalisierung nicht die gewünschten Homogenisierungstendenzen und Wohlstandssteigerungen (vgl. http://www.quetzal-leipzig.de/lexikon-lateinamerika/schattenglobalisierung-19093.html). Im Gegenteil: Die soziale Situation in den

„failed states" ist geradezu katastrophal. Unterernährung, eine hohe Kinder- und Muttersterblichkeit und ein viel zu geringes Einkommen zeugen von den erheblichen Leistungsdefiziten der gescheiterten Staaten. Die soziale Grundversorgung ist nur rudimentär gewährleistet, Dienstleistungen und Steuererhebung funktionieren allenfalls in den Städten – und der Wirtschaft fehlen jegliche verlässliche Rahmenbedingungen (Debiel 2005: 12). Der Globalisierungs- bzw. Liberalisierungsprozess traf die meisten Entwicklungsländer in einer Situation, in der die soziale und politische Kohäsion kaum ausreichte, um den neuen Herausforderungen erfolgreich zu begegnen (Hein 2005: 10). Je prekärer jedoch die soziale Lage der Bevölkerung, desto günstiger sind wiederum die Bedingungen, für die Ausbreitung von organisierter Kriminalität.

Die Marginalisierung peripherer Räume führt zu einer zunehmenden Suche nach Formen des Überlebens am Rande- oder außerhalb der formalen Rechtsordnung  (vgl. Hein 2005: 10). Substantielle Armut bzw. der Mangel an regulären Einkommensquellen (Schneckener 2005: 29) treibt die Bevölkerung in die Abhängigkeit von verschiedenen Formen der organisierten Kriminalität (vgl. Hein 2005: 10). Allerdings genießen kriminelle Organisationen oft größeres Ansehen, als die Regierungen selbst. Durch die Kritik der Bevölkerung am Staat und den politischen Eliten gewinnt die organisierte Kriminalität zunehmend an Legitimation (vgl. Hein 2005: 10). Kriminelle Organisationen nutzen die prekäre Situation der Bevölkerung zu ihren Zwecken – indem sie Sozialdienste leisten und neue Einkommensquellen schaffen; beides von der Regierung bzw. den Eliten vernachlässigte Aufgabenfelder (vgl. Naim 2005: 21). Die Anreize der Bevölkerung, auf legale Tätigkeiten umzusteigen, sind damit häufig zu gering (vgl. Naim 2005: 21/69).

Die Mangelnde Loyalität der Bevölkerung rührt überdies aus den hohen Korruptionsraten in den wichtigsten staatlichen Institutionen der „failed states". Öffentliche Ämter werden oft von den Eliten zur Verfolgung persönlicher Interessen missbraucht. Dabei werden die wichtigsten öffentlichen Ämter im Staatsapparat – wie z.B. Bürokratie, Militär, Polizei - von den jeweiligen Machthabern mit loyalen Anhängern besetzt. Die Folge: Es entsteht ein korruptes Netzwerk aus klientelistischen Abhängigkeitsbeziehungen. Dadurch wird wiederum die Funktionsfähigkeit staatlicher Institutionen erheblich eingeschränkt (Rittberger/Kruck/Romund 2010: 187).

Allerdings sind in den „failed states" nicht nur Teile der armen Bevölkerung in das Geschäft mit der organisierten Kriminalität involviert. Die Grenzen zwischen organisierter

Kriminalität, formaler Ökonomie und Politik sind durchaus fließend. Mangelnde Kontroll- und Steuerungsmechanismen führten zur kriminellen Durchdringung sämtlicher staatlicher Institutionen. Betroffen sind Unternehmen, Banken, Medien, Gerichte, Polizei, Zoll sowie die Regierungen. (vgl. Naim 2005: 27). Der Übergang zwischen legalen und illegalen Geschäften ist fließend. (vgl. Naim 2005: 33). Ganze Staatshaushalte sind von den illegalen Geldern krimineller Organisationen abhängig (vgl. Hein 2005: 10). Die Folge ist, dass politische und ökonomische Entscheidungen in „failed states" zunehmend von den Bedürfnissen und Zielen krimineller Organisationen beeinflusst werden (vgl. Naim 2005: 28). Damit wird die Kriminalisierung nationaler Interessen zu einem wichtigen Charakterzug unserer Zeit (vgl. Naim 2005: 28). – Womit ich nun zur Bedeutung der „failed states" für die Ausbreitung der „Schattenglobalisierung" komme.

Die Kombination aus krimineller Durchdringung der „failed states" und Globalisierung impliziert den Auf- und Ausbau transnationaler Aktivitäten der organisierten Kriminalität (vgl. Schneckener 2005: 29). Das Geschäft mit der organisierten Kriminalität entwickelte sich mit der Liberalisierung der Waren- und Finanzmärkte, neuen Kommunikationstechnologien und verbilligten Transportkosten zu einer wahren Goldgrube für das organisierte Verbrechen. Durch die Globalisierung erweiterte sich der Handlungsspielraum der organisierten Kriminalität von der staatlichen auf die globale Ebene. Nicht nur der Staat selbst dient heute als Absatzmarkt für illegale Handelsgüter – sondern die ganze Welt. Mit der globalen Expansion wächst natürlich auch die Gewinnspanne. Kein Geschäft ist in den „failed states" lukrativer als das illegale Geschäft. Ob Bevölkerung, Regierung oder Polizei – jeder möchte profitieren. Ob als Produktionsstätten für illegale Handelsgüter und Substanzen, Drehscheibe oder Koordinationszentrum - schwerwiegende Mängel des Justizapparats machen den „failed state" zu einem rechtsfreien Raum für jegliche Form der organisierten Kriminalität. Nur selten werden Kriminelle abgeurteilt, da eine öffentliche Rechtspflege in den meisten Fällen nicht existiert (vgl. Schneckener 2005: 29).

Die Ausbreitung der organisierten Kriminalität verstärkt den Erosionsprozess in den „failed states" selbst, ruft aber gleichzeitig auch neue Probleme in anderen Weltregionen hervor (vgl. Schneckener 2005: 29). Auch in der westlichen Welt ist der Einfluss organisierter Kriminalität deutlich spürbar: Drogenprobleme, Plagiate und Migrationsströme sind nur einige Auswirkungen der „Schattenglobalisierung" (vgl. Naim 2005: 33). Die Komplexität globaler krimineller Netzwerke ist kaum zu durchdringen. Die Flexibilität der organisierten Kriminalität übersteigt die Möglichkeiten westlicher Staaten und ihrer Rechtsinstrumente bei weitem. Damit wird die Regulierung krimineller Aktivitäten zu einer scheinbar unlösbaren Aufgabe (vgl. Naim 2005: 34). Solange sich das Geschäft mit der organisierten Kriminalität als das lukrativere erweist, ist jedes Gesetz, jede Kampagne und jede Art von Verfolgung nur ein Tropfen auf den heißen Stein. Ungebremst spinnen kriminelle Organisationen ihr globales Netz weiter. Immer auf der Jagd nach dem besten Geschäft, dem höchsten Gewinn - politischem und wirtschaftlichen Einfluss (vgl. Naim 2005: 35). „Failed states" bieten einen fast unerschöpflichen Nährboden für organisierte Kriminalität – und leisten damit einen wichtigen Beitrag zur Ausbreitung der globalen „Schattenökonomie".

Komme ich nun zum Fazit. Hier werde ich die wichtigsten Ergebnisse des Vortrags zusammenfassen sowie mögliche Perspektiven zur Regulierung der transnationalen organisierten Kriminalität aufzeigen.

Organisierte Kriminalität bzw. kriminelle Durchdringung ganzer Staaten ist kein neues Phänomen. Neu ist allerdings die rasante grenzüberschreitende Vernetzung krimineller Organisationen. Der Einflussbereich der organisierten Kriminalität beschränkt sich nicht länger auf Politik, Medien und öffentliche Verwaltung einzelner Staaten, sondern hat inzwischen globale Dimensionen angenommen. Das Geschäft mit den organisierten Verbrechen macht mittlerweile einen wachsenden Teil der Weltwirtschaft aus (vgl. Naim 2005: 18 f.).

Möglich wurde diese Expansion durch die Liberalisierung der Märkte, die Erweiterung des Weltmarktes durch die sog. „markets in waiting" sowie eine rasante technologische Entwicklung (s.o.). Auch „failed states" sind als Faktor für die Ausbreitung des transnationalen organisierten Verbrechens von Bedeutung. Sie bieten einen rechtsfreien Raum für jegliche Form der organisierten Kriminalität – und darüber hinaus: Schutz vor Verfolgung. Einerseits werden kriminelle Organisationen von den Regierungen der gescheiterten Staaten gedeckt – auch weil diese selbst in den illegalen Handel involviert sind (vgl. Hein 2005: 10). Andererseits sind anderen Staaten und Organisationen bei der Bekämpfung der organisierten Kriminalität in „failed states" die Hände gebunden. Die Handlungsfähigkeit ihres Justizapparats beschränkt sich meist nur auf das eigene Staatsgebiet (vgl. Naim 2005: 13). Damit ermöglichen „failed states" die Produktion illegaler Handelswaren sowie die Organisation und Koordination des weltweiten illegalen Warentransfers. Aber nochmal zur

Bekämpfung transnationaler organisierter Kriminalität: Welche Perspektiven ergeben sich zur Regulierung der „Schattenglobalisierung"?

Ein Ansatzpunkt zur Regulierung des organisierten Verbrechens sieht vor, die maßgebliche Ursache für die Expansion der Kriminalität zu verringern. Armut stellt in „failed states" ein wichtiges Kriterium zur Beteiligung an kriminellen Organisationen dar. Allerdings sind internationale Kampagnen zur Armutsbekämpfung meist mit nur wenig Erfolg gekrönt. Die Hilfe kommt nicht dort an, wo sie benötigt wird. Hilfsgelder können damit sogar zur Verschärfung sozialer Ungleichheit beitragen (vgl. Klemp/Poeschke 2005: 18).

Heute besteht ein allgemeiner Konsens darüber, dass eine Problemlösung ohne die Demokratisierung gesellschaftlicher Machtverhältnisse unmöglich ist. Dazu wäre eine Kooperation mit den hiesigen Regierungen der „failed states" jedoch unumgänglich (vgl. Klemp/Poescke 2005: 19). Solange das Geschäft mit der organisierten Kriminalität allerdings so lukrativ bleibt wie bisher, besteht von Seiten der „failed states" bzw. seiner Eliten wohl kaum ein Interesse zur Systemerneuerung. Die Globalisierung schafft ständig neue Gewinnaussichten (vgl. Naim 2005: 34). Dabei spielen Menschen bzw. Menschenrechte nur eine sekundäre Rolle. Ob als Produzent, Lieferant, Mittelsmann oder Konsument: Das Interesse gilt allein der Gewinnmaximierung (vgl. Thamm 1992: 109). Ein Profitrückgang ist nicht absehbar. Die Möglichkeiten der Globalisierung sind noch lange nicht ausgeschöpft (vgl. Naim 2005: 36).

# Literaturverzeichnis

Chossudovsky, Michel (2002): Global Brutal. Der entfesselte Welthandel, die Armut, der Krieg. Frankfurt am Main: Zweitausendeins.

Debiel, Tobias (2005): Fragile Staaten als Problem der Entwicklungspolitik. In: Aus Politik und Zeitgeschichte, Beilage zur Wochenzeitung „Das Parlament", B 28/29 v.11.07.2005, S. 12-18.

Dieter, H. (2003): Chancen und Risiken für Entwicklungsländer. In: Informationen zur politischen Bildung.280 „Globalisierung". Bonn: Bundeszentrale für politische Bildung.

Gemeinsame Richtlinien der Justizminister/-senatoren und der Innenminister/-senatoren der Länder über die Zusammenarbeit von Staatsanwaltschaft und Polizei bei der Verfolgung der Organisierten Kriminalität In: Richtlinien für das Strafverfahren und das Bußgeldverfahren Anhang E Nr. 2.1. Stand: 2008, http://www.recht-niedersachsen.de/21021/4208,s4,84,p23,23,12334,4.htm, Zugriff am 23.02.2011.

Klemp, L.; Poeschke, R. (2005): Good Governance gegen Armut und Staatsversagen. In: Aus Politik und Zeitgeschichte, Beilage zur Wochenzeitung „Das Parlament", B 28/29 v.11.07.2005, S. 18-25.

Müller, J.; Wallacher, J. (2005): Entwicklungsgerechte Weltwirtschaft – Perspektiven für eine sozial- und umweltverträgliche Globalisierung. Stuttgart: Verlag W Kohlhammer GmbH.

Naim, M. (2005): Illicit: How Smugglers, Trafficker, and Copycats are hijacking the Global Economy. Doubleday.

Rittberger, V.; Kruck, A.; Romund, A. (2010): Grundzüge der Weltpolitik. Theorie und Empirie des Weltregierens. Wiesbaden: VS Verlag für Sozialwissenschaften.

Rotberg, R.I. (2004): When States Fail. Causes and Consequences. Princeton, N.J.

Schneckener, Ulrich (2005): Fragile Staatlichkeit als globales Sicherheitsrisiko. In: Aus Politik und Zeitgeschichte, Beilage zur Wochenzeitung „Das Parlament", B 28/29 v.11.07.2005, S. 26-31.

Stieglitz, J. (2006): Die Chancen der Globalisierung. München: Siedler Verlag.

Thamm, K.; Freiberg, B. (1992): Das Mafia-Syndrom. Organisierte Kriminalität. Geschichte, Verbrechen, Bekämpfung. Hilden: Verlag Deutsche Polizeiliteratur GmbH.

von Trotha, Trutz (2005): Der Aufstieg des Lokalen. In: Aus Politik und Zeitgeschichte, Beilage zur Wochenzeitung „Das Parlament", B 28/29 v.11.07.2005, S. 32-38.

Übereinkommen der Vereinten Nationen gegen die grenzüberschreitende organisierte Kriminalität 2000: Art. 3, Abs. 2, http://www.admin.ch/ch/d/sr/0_311_54/index.html, Zugriff am 23.02.2011.

http://www.globalisierung-infos.de/definition.html, Zugriff am 20.02.2011.

http://www.quetzal-leipzig.de/lexikon-lateinamerika/schattenglobalisierung-19093.html, Zugriff am 19.10.2011.